sioc maidine ¦ morning frost

IMRAM

FÉILE LITRÍOCHTA GAEILGE

IRISH LANGUAGE LITERATURE FESTIVAL

A VOYAGE OF DISCOVERY

Jack Kerouac

sioc maidine ¦ morning frost
haiku

Gabriel Rosenstock
a chuir i nGaeilge

ARLEN
HOUSE

sioc maidine ¦ *morning frost*

is published in 2013 by/Foilsithe i 2013 ag
ARLEN HOUSE *in association with* IMRAM
42 Grange Abbey Road
Baldoyle
Dublin 13
Ireland
Fón/Facs: 00 353 86 8207617
Ríomhphost: arlenhouse@gmail.com
arlenhouse.blogspot.com

International distribution/Dáileoirí idirnáisiúnta
SYRACUSE UNIVERSITY PRESS
621 Skytop Road, Suite 110
Syracuse, NY 13244–5290
Fón: 315–443–5534/Facs: 315–443–5545
Ríomhphost: supress@syr.edu
www.syracuseuniversitypress.syr.edu

978–1–85132–073–8, hardback/crua
978–1–85132–083–7, paperback/bog

Clóchur ¦ Arlen House
Priontáil ¦ Brunswick Press
Cover design ¦ Margaret Lonergan
Original photograph of Jack Kerouac by Tom Palumbo, 1956

Tá Arlen House buíoch de
Chlár na Leabhar Gaeilge
agus d'Fhoras na Gaeilge

Foras na Gaeilge

INTRODUCTION

Liam Carson

'[He] chose his words from the mouths of babes got lost in the wood', so writes Natalie Merchant in her song 'Hey Jack Kerouac'. She evokes the child-like wonder at the heart of Kerouac's work. Famed for the prose torrents of *On the Road*, the popular vision of Kerouac remains that of the benzedrine-fuelled hipster furiously typing on to a scroll.

Kerouac's prose often pulsed with poetry, but it is in his haiku that we see Kerouac's poetic voice at its purest. One could argue that in the distilled and pared precision of haiku, he found liberation from being Jack Kerouac. What he sought – and found – in the haiku was an ego-less Buddha nature.

'Above all else, a haiku must be very simple and free of all poetic trickery and make a little picture and yet be as airy and graceful as a Vivaldi pastorelle', declared Kerouac. His own haiku exhibit all these equalities. They are as fresh and crisp as morning frost. They have many moods – sensual, sexual, spiritual, innocent, open, sad, glad.

When it came to choosing a translator to Irish for Kerouac's haiku, there was only one choice. Gabriel Rosenstock is Ireland's foremost practitioner and translator of the form. He has a deep sympathy with Kerouac's tender evocations of the ghostly nature of existence – and unerringly finds Irish registers that reveal the beauty of these haiku anew. Like Kerouac, Rosenstock makes the haiku sing.

– Dublin, Ireland, May 2013

LIAM CARSON is Director of the IMRAM Irish Language Literature Festival/ Stiúrthóir, IMRAM Féile Litríochta Gaeilge.

Mar a deir Natalie Merchant san amhrán aici *Hey Jack Kerouac*, '[He] chose his words from the mouths of babes got lost in the wood', rud a dhúisíonn ionainn iontas an pháiste, an t-iontas sin atá i gcroílár shaothar Kerouac. Tá cáil ar na mearchaisí próis aige in *On the Road* agus is í an íomhá atá ag an bpobal de i gcónaí ná 'hipeoir' faoi thionchar benzedrine agus é ag clóscríobh ar dalladh, ní ar leatháin pháipéir ach ar scrolla mór fada.

Ba mhinic an fhilíocht ina cuisle trí phrós Kerouac ach is sa haiku is gléine an guth fileata aige. D'fhéadfá a rá gur shaor gontacht lom shnoite an haiku é ó bheith ina Jack Kerouac. Is é an rud a lorg sé agus a d'aimsigh sé sa haiku ná dúchas an Bhúda, is é sin a bheith gan ego.

D'fhógair sé féin nádúr an haiku mar a leanas: 'Above all else, a haiku must be very simple and free of all poetic trickery and make a little picture and yet be as airy and graceful as a Vivaldi pastorelle'. Léiríonn a chuid haiku féin na cáilíochtaí sin, iad chomh húr chomh briosc le sioc maidine. Is iomaí tiúin iontu – an nóta collaí, gnéasach, spioradálta, soineanta, oscailte, uaigneach, ríméadach.

Nuair a theastaigh aistritheoir uainn ní fhéadfaí smaoineamh ar éinne eile seachas Gabriel Rosenstock, *doyen* an haiku in Éirinn agus duine a bhfuil na mílte haiku aistrithe aige i gcaitheamh na mblianta. Is maith mar a thuigeann sé an tuiscint a bhí ag Kerouac don domhan seo mar chlós súgartha ag taibhsí – agus is deas mar a aimsíonn sé an focal ceart, an nath cuí is an rithim a theastaíonn chun áilleacht na haiku seo a nochtadh dúinn sa Ghaeilge. Dála Kerouac féin, cuireann Rosenstock na haiku seo ag canadh dúinn.

morning frost

sioc maidine

Mist in the window
    Flower, weed,
Birds at dawn

Listen to the birds
sing! All the little birds
Will die!

Nightfall – too dark
to read the page,
Too cold

ceo san fhuinneog
   bláth, fiaile –
éanlaith bhreacadh an lae

éist le cantain
na n-éiníní: caillfear
na héiníní go léir!

titim na hoíche: ródhorcha
chun an leathanach a léamh,
rófhuar

Useless! Useless!
  – heavy rain driving
Into the sea

Does a dog have
the Buddha-nature?
Water is water.

First we buy the meat
and then we buy
the pot

cén mhaith é, cén mhaith é
  báisteach throm
á síobadh chun na farraige!

an bhfuil nádúr an Bhúda
ag gadhar?
uisce is ea uisce

ar dtús an fheoil
a cheannach agus ansin
an pota

The Tathagata doesn't exist
   in honor of which I will go
and climb mountains

Enlightenment is: do what
   you want
eat what there is

Morning meadow –
   Catching my eye,
One weed

ní hann don Tathagata
  agus ina onóir
raghaidh mé ag dreapadh sléibhte

*[Tathagata: ainm a thug an Búda air féin; duine
a bhfuil an staid daonna tarchéimnithe aige]*

lánléargas:
  dein do rogha rud
ith a bhfuil ann

móinéar maidine –
  as eireaball mo shúile
lustan aonair

A stump with sawdust
　– a place
To meditate

Satisfied, the pine
　bough washing
In the waters

Everlastingly loose
　and responsive,
The cloud business

stumpa
   agus min sáibh
áit le haghaidh machnaimh

sásta léi féin
   géag giúise
á ní féin san uisce

scaoilte is soghluaiste
   go deo –
gnó na scamall

Gee last night –
  dreamed
Of Harry Truman

There's nothing there
  because
I don't care

In the late afternoon
  peaks, I see
The hope

aréir ambaist
  taibhreamh agam
faoi Harry Truman

[Harry Truman: an 33ú hUachtarán
ar Stáit Aontaithe Mheiriceá]

níl aon rud ann
  mar
is cuma liom

ar na beanna
  amach sa tráthnóna
is ea a fheicimse an dóchas

Hmf – Ole Starvation Ridge
  is
Milkied o'er

All the insects ceased
    in honor
 Of the moon

I'm so mad
 I could bite
The mountaintops

Hmf –
  Bealach na Bó Finne
os cionn Seandroim an Ocrais

[Starvation Ridge: Oregon, SAM]

stop na feithidí go léir
      in ómós
   don ghealach

táim chomh mór sin ar mire
   go bhféadfainn plaic a bhaint
as na beanna

Hot coffee
  and a cigarette
why zazen?

Aurora Borealis
  over Hozomeen
The void is stiller

Nat Wills, a tramp
  – America
In 1905

caife te
  is toitín
cén gá atá le *zazen*?

[Zazen: bheith i do shuí agus
d'aigne á folmhú agat trí Zen]

na Saighneáin
  os cionn Hozomeen –
is ciúine é an folús

[Hozomeen, sliabh i Stát Washington. Sa teanga
dhúchais an bhrí atá leis ná 'chomh géar le scian'.]

Nat Wills, bacach bóthair
  – Meiriceá
1905

Nat M. Wills (nó Louis McGrath Wills, 1873–1917),
fear vaudeville a phós bean vaudeville, Heloise Titcomb
a théadh ar stáitse le capaill bhána. Tar éis an cholscartha,
arsa Nat, 'Bhí sé de cheart agam an capall a phósadh'.

Kicked the cupboard
  and hurt my toe
– Rage

Made hot cocoa
  at night,
Sang by woodfire

I called Hanshan
  in the mountains
– there was no answer

chiceálas an cupard
  is ghortaíos méar coise liom –
cuthach

réitíos cócó te dom féin
  istoíche
chanas cois tine connaidh

ghlaos ar Hanshan
  sna sléibhte –
freagra níor tháinig

[Hanshan, "Sliabh Fuar", file Síneach ón 9ú haois]:

Nuair a lorgaíonn daoine an chonair sna scamaill
Imíonn conair na scamall
Is ard agus is géar iad na sléibhte
Is leathan agus is ciúin iad na srutháin
Sléíbhte glasa romhainn is inár ndiaidh
Scamaill bhána thoir is thiar
Má tá conair na scamall uait
Lorg istigh í

I called Hanshan
in the fog –
Silence, it said

I called – Dipankara
instructed me
By saying nothing

Mists blew by, I
Closed my eyes, –
Stove did the talking

ghlaos ar Hanshan
   sa cheo,
ciúnas! an freagra

ghlaos – d'fhoghlaimíos
   ó Dipankara
ná dúirt faic

*[Dipankara: is iomaí Búda a bhí ann. Dipankara
duine acu. Maitreya an Búda atá le teacht]*

ghabh ceobhráin thart
   dhúnas mo shúile –
an tsornóg a dhein an chaint

Your belly's too big
   for your
Little teeth

Chipmunk went in
   – butterfly
Came out

Tuesday – one more
   drop of rain
From my roof

tá do bholg
   rómhór dod fhiacla
beaga

isteach leis an iora talún
   amach
leis an bhféileacán

Dé Máirt
   an braon anuas
arís

In the morning frost
  the cat
Steps slowly

No telegram today
  – Only more
Leaves fall

Frozen
  In the birdbath,
A leaf

sioc maidine
  coiscéim mhall
an chait

níor tháinig sreangscéal inniu
  – tuilleadh duilleog
ag titim

reoite
  sa bhfolcadán éan
duilleog

50 miles from N.Y
   all alone in Nature,
The squirrel eating

The windmills of
   Oklahoma look
In every direction

Alone at home reading
      Yoka Daishi,
Drinking tea

caoga mile ó N.Y.
   liom féin sa Dúlra
iora glas ag ithe leis

muilte gaoithe Oklahoma
   ag breathnú
i ngach treo

sa bhaile i m'aonar
          ag léamh Yoka Daishi
ag ól tae

[Yoka Daishi (665–713): Máistir Síneach]

The bottoms of my shoes
are clean
From walking in the rain

Coming from the west,
Covering the moon,
Clouds – not a sound

Her yellow dolls bowing
on the shelf –
My dead step grandmother

is glan iad
  boinn mo bhróg ó bheith ag siúl
faoin mbáisteach

seo chugainn aniar iad
  is clúdaíonn an ré
na néalta – gan ghlór

umhlaíonn a cuid bábóg buí
  ar an seilf
mo leas-mhamó nach maireann

Birds singing
  in the dark
In the rainy dawn

Well here I am,
  2PM –
What day is it?

In my medicine cabinet
  the winter fly
Has died of old age

éanlaith ag canadh
   sa dorchadas
sa chamhaoir bháistiúil

bhuel seo mé
   2pm –
cén lá é?

sa chófra cógas
   cuileog gheimhridh
a cailleadh de sheanaois

Early morning yellow flowers
 – Thinking about
The drunkards of Mexico

Wine at dawn
 – The long
Rainy sleep

Crossing the football field,
  Coming home from work
The lonely businessman

bláthanna buí na luathmhaidine –
  smaoiním
ar dhruncaeirí Mheicsiceo

fíon um bhreacadh an lae
  – codladh fada
báistiúil

an gort peile á chur de
  ag teacht abhaile ón oifig –
fear gnó uaigneach

Bee, why are you
   Staring at me?
I'm not a flower!

Missing a kick
   at the icebox door
It closed anyway

The Spring Moon –
   How many miles away
Those orange blossoms!

a bheach, cén fáth
  a bhfuil tú ag stánadh orm?
ní bláth mé

bhuaileas cic iomraill
  ar dhoras an chuisneora
dhún sé mar sin féin

gealach an Earraigh
  cé chomh fada uainn iad
bláthanna na n-oráistí

This July evening,
  A large frog
On my doorsill

Dawn, a falling star
  – A dewdrop lands
On my head!

In back of the Supermarket,
  In the parking lot weeds,
Purple flowers

tráthnóna i mí Iúil
  frog mór
ar leac an dorais

breacadh an lae, réalta reatha
  – tuirlingíonn braon drúchta
ar mo chloigeann!

ar chúl an Ollmhargaidh
  sa charrchlós, fiaile,
bláthanna corcra

A turtle sailing along
  on a log,
Head up

Summer night –
  the kitten playing
With the Zen calendar

Twilight – the bird
  in the bush
In the rain

turtar ag seoladh leis
  ar lomán
agus a cheann in airde

oíche shamhraidh –
  an piscín ag súgradh
leis an bhféilire Zen

clapsholas –
  éan i dtor
faoin mbáisteach

My cat eating
   at his saucer
– Spring moon

Black bird – no!
   Bluebird – pear
Branch still jumping

Dusk – boy
   smashing dandelions
With a stick

an cat
  ag ithe as an sásar –
gealach an Earraigh

lon dubh – ní hea!
  gorméan – géag an chrainn
phlumaí fós ag preabarnach

cróntráth – buachaill
  ag bascadh caisearbhán
lena bhata

Glow worm sleeping
  On this flower,
Your light's on!

Drunk as a hoot owl
  writing letters
By thunderstorm

Brighter than the night,
  my barn roof
Of snow

lampróg ina codladh
  ar bhláth:
tá do sholas ar lasadh!

chomh hólta le píobaire
  litreacha á scriobh agam –
stoirm thoirní

níos gile ná an oíche
  díon an sciobóil
faoi shneachta

Late moon rising
 – Frost
On the grass

The rain has filled
 the bird bath
Again, almost

Beautiful summer night
 gorgeous as the robes
Of Jesus

gealach dhéanach
   ag éirí
sioc ar an bhfear

is beag nár líon an bháisteach
   an folcadan éan
arís

oíche álainn shamhraidh
   chomh gleoite le róbaí
Íosa

Ancient ancient world
  – tight skirts
By the new car

Evening coming –
  the office girl
Unloosing her scarf

The housecats, amazed
  at something new,
Looking in the same direction

domhan ársa ársa –
   sciortaí teanna
taobh leis an ngluaisteán nua

teacht an tráthnóna –
   a scaif á scaoileadh
ag an gcailín oifige

cait tí
   iontas orthu faoi rud éigin nua –
ag breathnú sa treo céanna

A raindrop from
  The roof
Fell in my beer

Cat eating fish heads
  – All those eyes
In the starlight

Seven birds in a tree,
  looking
In every direction

braon fearthainne
   ón díon …
thit im bheoir

cloigne éisc á n-ithe ag an gcat
   – a liacht sin súil
faoi sholas na réaltaí

seacht n-éan i gcrann
   is iad ag breathnú
i ngach aon treo baill

Asking Albert Saijo
    for a haiku,
He said nothing

The summer chair
    rocking by itself
In the blizzard

February gales – racing
    westward through
The clouds, the moon

lorgaíos haiku
  ar Albert Saijo,
ní dúirt sé faic

[Albert Saijo: 1926–2011, file Meiriceánach-Áiseach]

síobadh sneachta –
  an chathaoir shamhraidh
á luascadh léi féin

gálaí mhí Feabhra
  ina rás siar trí néalta –
tríd an ngealach

Cold gray tufts
 of winter grass
Under the stars

In the quiet house,
 my mother's
Moaning yawns

Dusk – The blizzard
 hides everything,
Even the night

dosa liatha fuara féir
  faoi réaltaí
an gheimhridh

sa tigh ciúin
  méanfach éagaointeach
mo mháthar

cróntráth – ceileann
  an síobadh sneachta gach aon ní
fiú an oíche

Perfectly silent
  in the starry night,
The little tree

Looking for my cat
  in the weeds,
I found a butterfly

Iowa clouds
  following each other
Into Eternity

ciúin ann féin go hiomlán
  crann beag
oíche réaltógach

sa tóir ar an gcat
  i measc fiailí
tháinig mé ar fhéileacán

néalta Iowa
  ag leanúint a chéile
isteach sa tSíoraíocht

The sleeping moth –
   he doesn't know
The lamps turned up again

Full moon of October
   – The tiny mew
of the Kitty

Cool sunny autumn day,
   I'll mow the lawn
one last time

leamhan ina chodaldh
  ní heol dó
go bhfuil an lampa ar siúl arís

ré lán Dheireadh Fómhair
  mí-abha beag
an phiscín

lá gréine fionnuar san fhómhar
  lomfad an fhaiche
uair amháin eile

The flies on the porch
    and the fog on the peaks
Are so sad

Fighting over a peach
    stone, bluejays
In the bushes

Giving an apple
    to the mule, the big lips
Taking hold

na cuileoga sa phóirse
   is an ceo ar na beanna
nach brónach iad

aighneas
   faoi chloch phéitseoige –
scréachóga gorma sna toir

tugaim úll
   don mhiúil,
beireann na beola móra air

Bluejay drinking at my
   saucer of milk,
Throwing his head back

The mule, turning
   slowly, rubbing his
Behind on a log

Quietly pouring coffee
   in the afternoon,
How pleasant!

scréachóg ghorm
   ag ól as sásar bainne
a ceann caite siar aici

casann an mhiúil go mall
   cuimlíonn a thóin
de lomán

caife á dhoirteadh
   go ciúin san iarnóin
nach taitneamhach!

Washing my face
with snow
Beneath the Little Dipper

Sunny day – bird tracks
& cat tracks
In the snow

A big flat flake
of snow
Falling all alone

m'aghaidh á ní agam
    le sneachta
faoin mBéar Beag

lá gréine – lorg na n-éan
    & lorg na gcat
sa sneachta

calóg mhór ghroí
    shneachta
ag titim léi féin

Dawn – the tomcat
hurrying home
With his tail down

After supper
on crossed paws,
The cat meditates

fáinne an lae – an fearchat
  ag brostú abhaile
is a ruball faoi

tar éis an tsuipéir
  na lapaí trasna a chéile aige
cat ag machnamh

uncollected haiku

haiku nár cnuasaíodh

The sun keeps getting
dimmer – foghorns
began to blow in the bay

The sky is still empty,
The rose is still
On the typewriter keys

In the sun
the butterly wings
Like a church window

an ghrian ag éirí níos
   laige – bonnáin cheo
sa chuan

an spéir fós folamh
   an rós fós
ar eochracha an chlóscríobháin

sciatháin an fhéileacáin
   faoin ngrian
mar fhuinneog eaglaise

The mist in front
  of the morning mountains
– late Autumn

I drink my tea
  and say
Hm hm

Dusk in the holy
  woods –
Dust on my window

an ceo
   os comhair shléibhte na maidine
amach san Fhómhar

ólaim mo chuid tae
   is deirim
hm hm

cróntráth
   sa choill bheannaithe –
dusta ar an bhfuinneog

The raindrops have plenty
   of personality
Each one

Me, you – you, me
   Everybody –
He-he

Do you know why my name is Jack?
   Why?
That's why

tá pearsantacht go leor
  ag na braonta báistí
gach ceann acu

tusa is mise
  is ruball na muice
heth-heth

bhfuil fhios agat cén fáth
  a bhfuil Jack orm? bhfuil fhios?
sin an fáth

Haiku, shamiku, I can't
   understand the intention
Of Reality

Grass waves,
   hens chuckle,
Nothing's happening

Why'd I open my eyes?
   because
I wanted to

haiku shmaiku
   ní thuigim cad tá ag teastáil
ón Réaltacht

luascann an féar
   cearca ag sclogadh gáire
faic ag tarlú

cén fáth ar osclaíos
   mo shúile?
mar gur theastaigh uaim

The pine woods
   move
In the mist

There's no Buddha
   because
There's no me

Walking along the night beach,
   – Military music
On the boulevard

an choill ghiúise
    ag corraí
sa cheo

ní hann don Bhúda
    mar nach ann
domsa

ag siúl na trá istoíche
    ceol míleata
ar an mbúlbhard

Mist before the peak
  – the dream
Goes on

While meditating
  I am Buddha –
Who else?

God's dream,
  It's only
A dream

ceo os comhair na stuaice
    – leanann
an taibhreamh

agus mé ag machnamh
    is mé an Búda –
cé eile?

taibhreamh Dé
    níl ann
ach taibhreamh

America: fishing licenses
    the license
To meditate

Alpine fir with
    snowcap't background –
It doesn't matter

Late afternoon –
    the lakes sparkle
Blinds me

Meiriceá: ceadúnais iascaireachta
   ceadúnas
machnaimh

giúis Alpach
   is cúlra faoi shneachta –
is cuma

déanach san iarnóin
   dallann loinnir an locha
mé

Mao Tse Tung has taken
  too many Siberian sacred
Mushrooms in Autumn

Barley soup in Scotland
  in November –
Misery everywhere

A bottle of wine,
  a bishop –
Everything is God

an iomarca de bheacáin bheannaithe
na Sibéire tógtha ag Mao Tse Tung
san Fhómhar

anraith eornan in Albain
i mí na Samhna –
an ainnise gach áit

buidéal fíona
easpag –
Dia is ea gach aon ní

Full moon in the trees
   – across the street,
the jail

My hand,
   A thing with hairs,
Rising and falling with my belly

The dregs of my coffee
   Glisten
In the morning light

ré lán i measc na gcrann
    – trasna an bhóthair uathu
an charcair

mo lámh
    rud a bhfuil clúmh air
ag ardú is ag ísliú lem bholg

dríodar an chaife
    ag glioscarnach
faoi sholas na maidine

How'd those guys
   get in here,
those two flies?

Autumn nite –
my mother remembers
my birth

These little gray sparrows on the roof
I'll shoot my editor

conas a tháinig
   na leaideanna sin isteach
an dá chuileog sin?

oíche Fhómhair –
cuimhníonn mo mháthair
ar mo bhreith

gealbhain bheaga ghlasa ar an díon –
táim chun m'eagarthóir a lámhach

Cloudy autumn nite
  – cold water drips
in the sink

Ah, the crickets
  are screaming
At the moon

Spring evening –
  hobo with hard on
Like bamboo

oíche iata san Fhómhar
  – uisce fuar ag sileadh
– sa doirteal

Á, criogair
  ag scréachaíl
chun na gealaí

tráthnóna earraigh
  spailpín agus adharc air
mar bhambú

Water in the birdbath
  – a film of ice
On the moon

Drinking wine
  – the Queen of Greece
on a postage stamp

Alone, in old
  clothes, sipping wine
Beneath the moon

uisce san fholcadán éan
  – scannán oighir
ar an ngealach

ag ól fíona –
  Banríon na Gréige
ar stampa poist

i m'aonar, seanbhalcaisí orm
  ag ól fíona
faoin ngealach

Autumn eve – my
  mother playing old
Love songs on the piano

Too hot to write
  haiku – crickets
And mosquitoes

Dusk now –
  what's left of
An ancient pier

tráthnóna Fómhair –
  seanamhráin ghrá á seinm ag mo mháthair
ar an bpianó

ró-the chun haiku
  a scríobh – criogair
is muiscítí

clapsholas anois –
  a bhfuil fágtha
de ché ársa

Autumn night
 Salvation Army sign
On a cold brick building

Winter – that
 sparrow's nest
Still empty

A bird hanging
 on the wire
At dawn

oíche Fhómhair
    comhartha Arm an tSlánaithe
ar fhoirgneamh fuar brící

geimhreadh – nead
    an ghealbhain úd
folamh i gcónaí

éan
    ar shreang –
an chamhaoir

Dawn – the first
  robins singing
To the new moon

Spring night
  the silence
Of the stars

The racket of the starlings
  in the trees –
My cat's back

an chamhaoir – na chéad spideoga
   ag canadh
don ghealach úr

oíche Earraigh
   ciúnas
na réaltaí

raic na ndruideanna
   sna crainn –
tá an cat ar ais

Wish I were a rooster
  and leave my sperm
On the sidewalk, shining!

Kneedeep in the
  blizzard, the ancient
Misery of the cat

The fly, just as
  lonesome as I am
In this empty house

dá mba choileach mé
  d'fhágfainn mo shíol
ar an gcosán, ag glioscaranach!

go dtí na glúine
  sa síobadh sneachta
ainnise ársa an chait

cuileog
  chomh huaigneach liom féin
sa teach folamh seo

THE GHOSTS OF JACK KEROUAC

Gabriel Rosenstock

GÓSTAÍ JACK KEROUAC

Gabriel Rosenstock

They were all ghosts
your poor father
your poor mother
Gerard, your poor brother
your poor wives
your poor daughter
the road
teeming with ghosts
writers, all ghosts,
Ginsberg, Burroughs,
Snyder, Corso,
Ferlinghetti
the ghost of Thomas Wolfe,
Whitman
Han-Shan
clouds
mountains
the bony jaw of Neal Cassady
the ghost of the Sacred Heart
zen
jazz
haiku
benzedrine
whiskey
the ghost in the empty bottle
prostitutes
publishers
Ku Klux Klan
the ghosts of Mexico
Canada
America
Brittany
one could go on
but there's no end
to the road

Ba ghóstaí iad go léir
d'athair bocht
do mháthair bhocht
Gerard, do dheartháir bocht
do mhná céile bochta
d'iníon bhocht
an bóthar
ag cur thar maoil le góstaí
scríbhneoirí, góstaí uile,
Ginsberg, Burroughs,
Snyder, Corso,
Ferlinghetti
gósta Thomas Wolfe
Whitman
Han-Shan
scamaill
sléibhte
giall cnámhach Neal Cassady
gósta an Chroí Ró-Naofa
zen
snagcheol
haiku
benzedrine
uisce beatha
an gósta sa bhuidéal folamh
striapacha
foilsitheoirí
Ku Klux Klan
góstaí Mheicsiceo
Cheanada
Mheiriceá
is na Briotáine
d'fhéadfaí dul ar aghaidh
ach níl aon deireadh
leis an mbóthar

it just goes on
and on
the ghost within you
trembling
before the man

Good night, Jack

téann sé ar aghaidh
is ar aghaidh
an gósta ionatsa
ar crith
roimh an duine

Oíche mhaith, Jack

Jack Kerouac (1922–1969) was an American novelist and poet, born in Lowell, Massachusetts. His parents had immigrated from Quebec and Kerouac spoke a local French Canadian-American dialect before he spoke English. He is considered a literary iconoclast and, with William S. Burroughs and Allen Ginsberg, a pioneer of the Beat Generation. Kerouac is recognized for his spontaneous method of writing, covering topics such as Catholic spirituality, jazz, promiscuity, Buddhism, drugs, poverty and travel. Among his books are *On the Road*, *The Dharma Bums*, *The Subterraneans* and *Desolation Angels*. His poetry collections include *Mexico City Blues*, *The Scripture of the Golden Eternity*, *Old Angel Midnight*, *San Francisco Blues* and *Book of Haikus*. Interest in Kerouac has grown with the publication of letters, poetry, spiritual writings and early novels from his remarkable literary archive. He has been cited as an influence by countless writers and musicians, including The Doors, Bob Dylan and Patti Smith.

ABOUT THE TRANSLATOR

File agus fear haiku é Gabriel Rosenstock, údar/aistritheoir breis is 160 leabhar. Ball d'Aosdána. *My Head is Missing* (OW, 2012) úrscéal leis. Dhá leabhar ar chúrsaí haiku ó Cambridge Scholars Publishing is ea *Haiku Enlightenment* agus *Haiku, the Gentle Art of Disappearing*. Scata leabhar leictreonach amuigh aige, ina measc *Géaga Trí Thine* a chnuasach haiku i nGaeilge agus *Where Light Begins* a chuid haiku Béarla.

Gabriel Rosenstock is a poet, haikuist and translator. As a prose writer, he has been anthologised in *Best European Fiction 2012* (Dalkey Archive Press). Cambridge Scholars Publishing brought out two books about haiku as a way of life, *Haiku Enlightenment* and *Haiku, the Gentle Art of Disappearing*. A comic detective novel in English is *My Head is Missing* (OW 2012). Selected haiku in Irish *Géaga trí Thine* and in English *Where Light Begins* are available electronically.